CONGREGAÇÃO PARA A DOUTRINA DA FÉ

INSTRUÇÃO SOBRE AS ORAÇÕES PARA ALCANÇAR DE DEUS A CURA

Direção-geral: *Maria Bernadete Boff*
Coordenação editorial: *Noemi Dariva*
Gerente de produção: *Felício Calegaro Neto*
Direção de arte: *Irma Cipriani*
Editoração: *Tiago Filu*

6ª edição – 2010
2ª reimpressão – 2022

Nenhuma parte desta obra poderá ser reproduzida ou transmitida por qualquer forma e/ou quaisquer meios (eletrônico ou mecânico, incluindo fotocópia e gravação) ou arquivada em qualquer sistema ou banco de dados sem permissão escrita da Editora. Direitos reservados.

Paulinas
Rua Dona Inácia Uchoa, 62
04110-020 – São Paulo – SP (Brasil)
Tel.: (11) 2125-3500
http://www.paulinas.com.br – editora@paulinas.com.br
Telemarketing e SAC: 0800-7010081

© Pia Sociedade Filhas de São Paulo – São Paulo, 2000

INTRODUÇÃO

O anseio de felicidade, profundamente radicado no coração humano, esteve sempre associado ao desejo de se libertar da doença e de compreender o seu sentido, quando se a experimenta. Trata-se de um fenômeno humano que, interessando de uma maneira ou de outra todas as pessoas, encontra na Igreja particular ressonância. Esta, de fato, vê a doença como meio de união com Cristo e de purificação espiritual e, para os que lidam com a pessoa doente, como uma ocasião de praticar a caridade. Não é só isso, porém; como os demais sofrimentos humanos, a doença constitui um momento privilegiado de oração, seja para pedir a graça de a receber com espírito de fé e de aceitação da vontade de Deus, seja também para implorar a cura.

A oração que implora o restabelecimento da saúde é, pois, uma experiência presente em todas as épocas da Igreja e naturalmente nos dias de hoje. Mas o que constitui um fenômeno em certos aspectos novo é o multiplicar-se de reuniões de oração, por vezes associadas a celebrações litúrgicas, com o fim de alcançar de Deus a cura. Em certos casos, que não são poucos, apregoa-se a existência de curas alcançadas, criando assim a expectativa que o fenômeno se repita em outras reuniões do gênero. Em tal contexto, faz-se por vezes apelo a um suposto carisma de cura.

Essas reuniões de oração feitas para alcançar curas põem também o problema do seu justo discernimento sob o ponto de vista litúrgico, nomeadamente por parte da autoridade eclesiástica, a quem compete vigiar e dar as diretivas oportunas em ordem ao correto desenrolar das celebrações litúrgicas.

Achou-se, portanto, conveniente publicar uma Instrução, de acordo com o cânone 34 do Código de Direito Canônico, que servisse, sobretudo, de ajuda aos Ordinários do lugar para melhor poderem orientar os fiéis neste campo, favorecendo o que nele haja de bom e corrigindo o que deva ser evitado. Era, porém, necessário que as disposições disciplinares tivessem como ponto de referência um fundado enquadramento doutrinal que garantisse a sua justa aplicação e esclarecesse a razão normativa. A tal fim, fez-se preceder a parte disciplinar com uma parte doutrinal sobre as graças de cura e as orações para alcançá-las.

I. ASPECTOS DOUTRINAIS

1. Doença e cura: seu significado e valor na economia da salvação

"O homem é destinado à alegria, mas, todos os dias, experimenta variadíssimas formas de sofrimento e de dor."[1] Por isso, o Senhor, nas suas promessas de redenção, anuncia a alegria do coração ligada à libertação dos sofrimentos (cf. Is 30,29; 35,19; Br 4,29). Ele é, de fato, "aquele que liberta de todos os males" (Sb 16,8). Entre os sofrimentos, os provocados pela doença são uma realidade constantemente presente na história humana, tornando-se, ao mesmo tempo, objeto do profundo desejo do homem de se libertar de todo o mal.

No Antigo Testamento, "Israel tem a experiência de que a doença está misteriosamente ligada ao pecado e ao mal".[2] Entre os castigos com que Deus ameaça o povo pela sua infidelidade, as doenças ocupam espaço de relevo (cf. Dt 28,21-22.27-29.35). O doente que pede a Deus a cura reconhece que é justamente castigado pelos seus pecados (cf. Sl 37; 40; 106,17-21).

---

[1] SÃO JOÃO PAULO II, Exortação Apostólica *Christifideles Laici*, n. 53, AAS 81(1989), p. 498.

[2] *Catecismo da Igreja Católica*, n. 1502.

A doença, porém, atinge também os justos e o homem interroga-se sobre o porquê. No livro de Jó, essa interrogação está presente em muitas das suas páginas. "Se é verdade que o sofrimento tem um sentido de castigo, quando ligado à culpa, já não é verdade que todo sofrimento seja consequência da culpa e tenha um caráter de punição. A figura do justo Jó é uma especial prova disso no Antigo Testamento. [...] Se o Senhor permite que Jó seja provado com o sofrimento, fá-lo para demonstrar a sua justiça. O sofrimento tem caráter de prova".[3]

A doença, embora possa ter uma conotação positiva, como demonstração da fidelidade do justo e meio de reparar a justiça violada pelo pecado, e também como forma de levar o pecador a arrepender- se, enveredando pelo caminho da conversão, continua, todavia, a ser um mal. Por isso, o profeta anuncia os tempos futuros em que não haverá mais desgraças nem invalidez, e o decurso da vida nunca mais será interrompido com doenças mortais (cf. Is 35,5-6; 65,19-20).

É, todavia, no Novo Testamento que se encontra plena resposta para a pergunta: por que a doença atinge também os justos? Na atividade pública de Jesus, as suas relações com os doentes não são casuais, mas constantes. Cura a muitos deles de forma prodigiosa, tanto que essas curas milagrosas tornam-se uma característica da sua atividade: "Jesus percorria todas as cidades e aldeias, ensinando nas

---

[3] SÃO JOÃO PAULO II, Carta Apostólica *Salvifici doloris*, n. 11, AAS 76(1984), p. 12.

suas sinagogas, pregando o Evangelho do Reino e curando todas as doenças e enfermidades" (Mt 9,35; cf. 4,23). As curas são sinais da sua missão messiânica (cf. Lc 7,20-23). Manifestam a vitória do Reino de Deus sobre todas as espécies de mal e tornam-se símbolo da saúde integral do homem, corpo e alma. Servem, de fato, para mostrar que Jesus tem o poder de perdoar os pecados (cf. Mc 2,1-12); são sinais dos bens salvíficos, como a cura do paralítico de Betsaida (cf. Jo 5,2-9.19-21) e do cego de nascença (cf. Jo 9).

Também a primeira evangelização, segundo as indicações do Novo Testamento, era acompanhada de numerosas curas prodigiosas que corroboravam o poder do anúncio evangélico. Aliás, tinha sido essa a promessa de Jesus ressuscitado, e as primeiras comunidades cristãs viam nelas que a promessa se cumpria entre eles: "Eis os milagres que acompanharão os que acreditarem: [...] quando impuserem as mãos sobre os doentes, ficarão curados" (Mc 16,17-18). A pregação de Filipe na Samaria foi acompanhada de curas milagrosas: "Filipe desceu a uma cidade da Samaria e começou a pregar o Messias àquela gente. As multidões aderiam unanimemente às palavras de Filipe, ao ouvi-las e ao ver os milagres que fazia. De muitos possessos saíam espíritos impuros, soltando enormes gritos, e numerosos paralíticos e coxos foram curados" (At 8,5-7). São Paulo apresenta o seu anúncio do Evangelho como sendo caracterizado por sinais e prodígios realizados com o poder do Espírito: "Não ousaria falar senão do que Cristo realizou por meu intermédio, para levar os gentios à obediência da fé, pela palavra e pela ação, pelo poder dos sinais e prodígios, pelo poder do Espírito" (Rm 15,18-19; cf. 1Ts 1,5; 1Cor 2,4-5). Não é nada arbitrário supor que muitos desses sinais e prodígios, manifestação do poder divino que acompanhava a pregação, fossem curas prodigiosas. Eram prodígios que não estavam ligados exclusivamente à pessoa do Apóstolo, mas que se manifestavam também através dos fiéis: "Aquele que vos dá o Espírito e realiza milagres entre vós procede assim por cumprirdes as obras da Lei ou porque ouvistes a mensagem da fé?" (Gl 3,5).

A vitória messiânica sobre a doença, aliás, como sobre outros sofrimentos humanos, não se realiza apenas eliminando-a com curas prodigiosas, mas também com o sofrimento voluntário e inocente de Cristo na sua paixão, e dando a cada homem a possibilidade de se associar a ela. De fato, "O próprio Cristo, embora fosse sem pecado, sofreu na sua paixão penas e tormentos de toda a espécie e fez seus os sofrimentos de todos os homens: cumpria assim quanto d'Ele havia escrito o profeta Isaías (cf. Is 53,4-5)".[4] Mais, "Na cruz de Cristo não só se realizou a Redenção através do sofrimento, mas também o próprio sofrimento humano foi redimido. [...] Realizando a Redenção mediante o sofrimento, Cristo elevou ao mesmo tempo o sofrimento humano ao nível de Redenção. Por isso, todos os homens,

---

[4] *Rituale Romanum*, Ex Decreto Sacrosancti Oecumenici Concilii Vaticani II instauratum, Auctoritate Pauli PP. VI promulgatum, *Ordo Unctionis Infirmorum eorumque Pastoralis Curae,* Editio typica, Typis Polyglottis Vaticanis, MCMLXXII, n. 2.

com o seu sofrimento, se podem tornar também participantes do sofrimento redentor de Cristo".[5]

A Igreja acolhe os doentes, não apenas como objeto da sua solicitude amorosa, mas também reconhecendo neles o chamado "a viver a sua vocação humana e cristã e a participar no crescimento do Reino de Deus, com novas modalidades e mesmo mais preciosas. As palavras do apóstolo Paulo hão de tornar-se programa e, ainda mais, a luz que faz brilhar aos seus olhos o significado de graça da sua própria situação: 'Completo na minha carne o que falta à paixão de Cristo, em benefício do seu corpo que é a Igreja' (Cl 1,24). Precisamente ao fazer tal descoberta, encontrou o apóstolo a alegria: 'Por isso, alegro-me com os sofrimentos que suporto por vossa causa'" (Cl 1,24).[6] Trata-se da alegria pascal, que é fruto do Espírito Santo. Como São Paulo, também "muitos doentes podem tornar-se veículo da 'alegria do Espírito Santo em muitas tribulações' (1Ts 1,6) e ser testemunhas da ressurreição de Jesus".[7]

2. O desejo da cura e a oração para alcançá-la

Salva a aceitação da vontade de Deus, o desejo que o doente sente de ser curado é bom e profundamente humano, sobretudo quando se traduz em oração confiante dirigida a

---

[5] SÃO JOÃO PAULO II, Carta Apostólica *Salvifici doloris*, n. 19, AAS 76(1984), p. 225.

[6] SÃO JOÃO PAULO II, Exortação Apostólica *Christifideles laici*, n. 53, AAS 81(1989), p. 499.

[7] Ibid., n. 53.

Deus. O Eclesiástico exorta a fazê-lo: "Filho, não desanimes na doença, mas reza ao Senhor e Ele curar-te-á" (Eclo 38,9). Vários salmos são uma espécie de súplica de cura (cf. Sl 6; 37; 40; 87).

Durante a atividade pública de Jesus, muitos doentes a Ele se dirigem, ou diretamente ou por meio de seus amigos e parentes, implorando a recuperação da saúde. O Senhor acolhe esses pedidos, não se encontrando nos Evangelhos o mínimo aceno de reprovação dos mesmos. A única queixa do Senhor refere-se à eventual falta de fé: "Se posso? Tudo é possível a quem acredita" (Mc 9,23; cf. Mc 6,5-6; Jo 4,48).

Não só é louvável a oração de todo o fiel que pede a cura, sua ou alheia, mas a própria Igreja na sua liturgia pede ao Senhor pela saúde dos enfermos. Antes disso, tem um sacramento "destinado de modo especial a confortar os que sofrem com a doença: a Unção dos enfermos".[8] "Nele, por mcio da unção e da oração dos presbíteros, a Igreja recomenda os doentes ao Senhor padecente e glorificado para que os alivie e salve".[9] Pouco antes, na bênção do óleo, a Igreja reza: "Derramai a vossa santa bênção para que [o óleo] sirva a quantos forem com ele ungidos de auxílio do corpo, da alma e do espírito, para alívio de todas as dores, fraquezas e doenças";[10] e, a seguir, nos dois primeiros formulários da

---

[8] *Catecismo da Igreja Católica*, n. 1511.

[9] Cf. *Rituale Romanum, Ordo Unctionis Infirmorum eorumque Pastoralis Curae*, n. 5.

[10] Ibid., n. 75.

oração após a Unção, pede-se mesmo a cura do enfermo.[11] A cura, uma vez que o sacramento é penhor e promessa do Reino futuro, é também anúncio da ressurreição, quando "não haverá mais morte nem luto, nem gemidos nem dor, porque o mundo antigo desapareceu" (Ap 21,4). Por sua vez, o *Missale Romanum* contém uma Missa *pro infirmis*, onde, além de graças espirituais, se pede a saúde dos doentes.[12]

No *De benedictionibus* do *Rituale Romanum* existe um *Ordo benedictionis infirmorum* que contém diversos textos eucológicos para implorar a cura: no segundo formulário das *Preces*,[13] nas quatro *Orationes benedictionis pro adultis*,[14] nas duas *Orationes benedictionis pro pueris*,[15] na oração do *Ritus brevior*.[16]

É óbvio que o recurso à oração não exclui, antes encoraja, o emprego dos meios naturais úteis a conservar e a recuperar a saúde e, por outro lado, estimula os filhos da Igreja a cuidar dos doentes e a aliviá-los no corpo e no espírito, procurando vencer a doença. Com efeito, "reentra no próprio plano de Deus e da sua Providência que o homem lute com todas as forças contra a doença em todas as suas

---

[11] Cf. Ibid., n. 77.

[12] *Missale Romanum*, Ex Decreto Sacrosancti Oecumenici Concilii Vaticani II instauratum, Auctoritate Pauli PP. VI promulgatum, Editio typica altera, Typis Polyglottis Vaticanis, MCMLXXV, pp. 838-839.

[13] Cf. *Rituale Romanum*, Ex Decreto Sacrosancti Oecumenici Concilii Vaticani II instauratum, Auctoritate Ioannis Pauli II promulgatum, *De Benedictionibus*, Editio typica, Typis Polyglottis Vaticanis, MCMLXXXIV, n. 305.

[14] Cf. Ibid., nn. 306-309.

[15] Cf. Ibid., nn. 315-316.

[16] Cf. Ibid., n. 319.

formas e se esforce, de todas as maneiras, por manter-se em saúde".[17]

3. O carisma da cura no Novo Testamento

Não só as curas prodigiosas confirmavam o poder do anúncio evangélico nos tempos apostólicos; o próprio Novo Testamento fala de uma verdadeira e própria concessão aos Apóstolos e aos outros primeiros evangelizadores de um poder de curar as enfermidades em nome de Jesus. Assim, ao enviar os Doze para a sua primeira missão, o Senhor, segundo a narração de Mateus e de Lucas, concede-lhes "o poder de expulsar os espíritos impuros e de curar todas as doenças e enfermidades" (Mt 10,1; cf. Lc 9,1) e dá-lhes a ordem: "Curai os enfermos, ressuscitai os mortos, sarai os leprosos, expulsai os demônios" (Mt 10,8). Também na primeira missão dos setenta e dois, a ordem do Senhor é: "curai os enfermos que aí houver" (Lc 10,9). O poder, portanto, é concedido dentro de um contexto missionário, não para exaltar as pessoas enviadas, mas para confirmar a sua missão.

Os Atos dos Apóstolos referem de modo genérico prodígios operados por estes: "inúmeros prodígios e milagres realizados pelos Apóstolos" (At 2,43; cf. 5,12). Eram prodígios e sinais e, portanto, obras portentosas que manifestavam a verdade e a força da sua missão. Mas,

---

[17] *Rituale Romanum*, Ordo Unctionis Infirmorum eorumque Pastoralis Curae, n. 3.

além dessas breves indicações genéricas, os Atos referem, sobretudo, curas milagrosas, realizadas individualmente pelos evangelizadores: Estêvão (cf. At 6,8), Filipe (cf. At 8,6-7) e, sobretudo, Pedro (cf. At 3,1-10; 5,15; 9,33-34.40-41) e Paulo (cf. At 14,3.8-10; 15,12; 19,11-12; 20,9-10; 28,8-9).

Quer a parte final do Evangelho de Marcos, quer a Carta aos Gálatas, como antes se viu, alargam a perspectiva e não circunscrevem as curas prodigiosas à atividade dos Apóstolos e de alguns evangelizadores que tiveram papel de relevo na primeira missão. Neste particular contexto, são de extrema importância as referências ao "dom das curas" (1Cor 12,9.28.30). O significado de *carisma* é, por si, muito amplo: o de "dom generoso"; no caso em questão, trata-se de "dons de curas obtidas". Essas graças, no plural, são atribuídas a um único sujeito (cf. 1Cor 12,9) e, portanto, não se devem entender em sentido distributivo, como curas que cada um dos curados recebe para si mesmo; devem, ao invés, entender-se como dom concedido a uma determinada pessoa de obter graças de curas em favor de outros. É dado *in uno Spiritu*, sem, contudo, especificar o modo como essa pessoa obtém as curas. Não seria descabido subentender que o seja através da oração, talvez acompanhada de algum gesto simbólico.

Na Carta de São Tiago, faz-se aceno a uma intervenção da Igreja, através dos presbíteros, em favor da salvação, mesmo em sentido físico, dos doentes. Não se dá, porém, a entender se se trata de curas prodigiosas: estamos em um contexto diferente do dos "carismas de curas" de 1Cor 12,9.

"Algum de vós está doente? Chame os presbíteros da Igreja para que orem sobre ele, ungindo-o com o óleo em nome do Senhor. A oração da fé salvará o doente e o Senhor o confortará e, se tiver pecados, ser-lhe-ão perdoados" (Tg 5,14-15). Trata-se de um ato sacramental: unção do doente com óleo e oração sobre ele, não simplesmente "por ele", como se fosse apenas uma oração de intercessão ou de súplica. Mais propriamente, trata-se de uma ação eficaz sobre o enfermo.[18] Os verbos "salvará" e "confortará" não exprimem uma ação que tenha em vista, exclusivamente ou, sobretudo, a cura física, mas de certo modo incluem-na. O primeiro verbo, se bem que nas outras vezes que aparece na dita Carta se refira à salvação espiritual (cf. 1,21; 2,14; 4,12; 5,20), é também usado no Novo Testamento no sentido de "curar" (cf. Mt 9,21; Mc 5,28.34; 6,56; 10,52; Lc 8,48); o segundo verbo, embora assuma por vezes o sentido de "ressuscitar" (cf. Mt 10,8; 11,5; 14,2), também é usado para indicar o gesto de "levantar" a pessoa que está acamada por causa de uma doença, curando-a de forma prodigiosa (cf. Mt 9,5; Mc 1,31; 9,27; At 3,7).

4. As orações para alcançar de Deus a cura na Tradição

Os Padres da Igreja consideravam normal que o crente pedisse a Deus não só a saúde da alma, mas também a do

---

[18] Cf. CONCÍLIO DE TRENTO, sessão XIV, *Doctrina de sacramento extremae unctionis*, cap. 2: DS, 1696.

corpo. A propósito dos bens da vida, da saúde e da integridade física, Santo Agostinho escrevia: "É preciso rezar para que nos sejam conservados, quando os temos, e que nos sejam concedidos, quando não os temos".[19] O mesmo Padre da Igreja deixou-nos o testemunho da cura de um amigo, alcançada graças às orações de um bispo, de um sacerdote e de alguns diáconos na sua casa.[20]

A mesma orientação se encontra nos ritos litúrgicos, tanto ocidentais como orientais. Numa oração depois da Comunhão, pede-se que "este sacramento celeste nos santifique totalmente a alma e o corpo".[21] Na solene liturgia da Sexta-Feira Santa convida-se a rezar a Deus Pai todo-poderoso para que "afaste as doenças[...] dê saúde aos enfermos".[22] Entre os textos mais significativos, destaca-se o da bênção do óleo dos enfermos. Nele pede-se a Deus que derrame a sua santa bênção sobre o óleo, a fim de que "sirva a quantos forem com ele ungidos de auxílio do corpo, da alma e do espírito, para alívio de todas as dores, fraquezas e doenças".[23]

Não são diferentes as expressões que se lêem nos rituais orientais da Unção dos enfermos. Citamos apenas alguns dos mais significativos. No rito bizantino, durante

---

[19] AUGUSTINUS IPPONIENSIS, *Epistulae* 130, VI,13 (PL 33,499).

[20] Cf. AUGUSTINUS IPPONIENSIS, De Civitate Dei 22, 8,3 (PL 41,762-763).

[21] Cf. *Missale Romanum*, p. 563.

[22] Ibid., *Oratio universalis*, n. X (*Pro tribulatis*), p. 256.

[23] *Rituale Romanum, Ordo Unctionis Infirmorum eorumque Pastoralis Curae*, n. 75.

a unção do enfermo, reza-se: "Pai Santo, médico das almas e dos corpos, vós que enviastes o vosso Filho unigênito Jesus Cristo para curar de toda doença e libertar-nos da morte, curai também, pela graça do vosso Cristo, este vosso servo da enfermidade do corpo e do espírito que o aflige".[24] No rito copto pede-se ao Senhor que abençoe o óleo para que todos os que com ele forem ungidos possam alcançar a saúde do espírito e do corpo. Depois, durante a unção do enfermo, os sacerdotes, depois de terem mencionado Jesus Cristo, mandado ao mundo "para curar todas as enfermidades e libertar da morte", pedem a Deus "que cure o enfermo das enfermidades do corpo e lhe indique o reto caminho".[25]

5. O "carisma de cura" no contexto atual

No decorrer dos séculos da história da Igreja, não faltaram santos taumaturgos que realizaram curas milagrosas. O fenômeno, portanto, não estava circunscrito ao tempo apostólico. O chamado "carisma de cura", sobre o qual convém hoje dar alguns esclarecimentos doutrinais, não fazia parte, porém, desses fenômenos taumaturgos. O problema põe-se sobretudo com as reuniões de oração que os acompanham, organizadas no intuito de obter curas prodigiosas entre os doentes que nelas participam, ou então

---

[24] GOAR J., *Euchologion sive Rituale Graecorum*. Venetiis, 1730 (Graz, 1960), n. 338.

[25] DENZINGER H., *Ritus Orientalium in administrandis Sacramentis*, vv. I-II, Würzburg, 1863 (Graz, 1961). v. II, pp. 497-498.

com as orações de cura que, com o mesmo fim, se fazem a seguir à Comunhão eucarística.

As curas ligadas aos lugares de oração (nos santuários, junto de relíquias de mártires ou de outros santos etc.) são abundantemente testemunhadas ao longo da história da Igreja. Na Antiguidade e na Idade Média, contribuíram para concentrar as peregrinações em determinados santuários, que se tornaram famosos também por essa razão, como o de São Martinho de Tours ou a catedral de Santiago de Compostela, entre tantos outros. O mesmo acontece na atualidade, como, por exemplo, há mais de um século com Lourdes. Essas curas não comportam um "carisma de cura", porque não estão ligadas a um eventual detentor de tal carisma, mas há que tê-las em conta ao procurar ajuizar, do ponto de vista doutrinal, as referidas reuniões de oração.

No que concerne às reuniões de oração feitas com a finalidade precisa de alcançar curas – finalidade se não dominante, ao menos certamente influente na programação das mesmas – convém distinguir entre as que possam dar a entender um "carisma de cura", verdadeiro ou aparente, e as que nada têm a ver com esse carisma. Para que possam estar ligadas a um eventual carisma, é necessário que nelas sobressaia, como elemento determinante para a eficácia da oração, a intervenção de uma ou várias pessoas individualmente ou de uma categoria qualificada, por exemplo, os dirigentes do grupo, que promove a reunião. Não havendo relação com o "carisma de cura", é óbvio que as celebrações previstas nos livros litúrgicos, se realizadas em conformidade com as normas litúrgicas, são lícitas e até muitas vezes oportunas, como é o caso da *Missa pro infirmis*. Quando não respeitarem as normas litúrgicas, perdem a sua legitimidade.

Nos santuários são também frequentes outras celebrações que, por si, não se destinam especificamente a implorar de Deus graças de curas, mas que nas intenções dos organizadores e dos que nelas participam têm, como parte importante da sua finalidade, a obtenção de curas. Com esse objetivo, costumam-se fazer celebrações litúrgicas, como é o caso da exposição do Santíssimo Sacramento com bênção, ou não litúrgicas, mas de piedade popular, que a Igreja encoraja, como pode ser a solene reza do terço. Também estas celebrações são legítimas, uma vez que não se altere o seu significado autêntico. Por exemplo, não se deveria pôr em primeiro plano o desejo de alcançar a cura dos doentes, fazendo com que a exposição da Santíssima Eucaristia venha a perder a sua finalidade; esta, de fato, "leva a reconhecer nela a admirável presença de Cristo e convida à íntima união com Ele, união que atinge o auge na comunhão sacramental".[26]

O "carisma de cura" não se atribui a uma determinada categoria de fiéis. É, aliás, bem claro que São Paulo, quando

---

[26] *Rituale Romanum*, Ex Decreto Sacrosancti Oecumenici Concilii Vaticani II instauratum, Auctoritate Pauli PP. VI promulgatum, *De Sacra Communione et de Cultu Mysterii Eucharistici Extra Missam*, Editio typica, Typis Polyglottis Vaticanis, MCMLXXIII, n. 82.

se refere aos diversos carismas em 1Cor 12, não atribui o dom dos "carismas de cura" a um grupo particular: ao dos apóstolos ou dos profetas, ao dos mestres ou dos que governam, ou a outro qualquer. A lógica que preside à sua distribuição é, ao invés, outra: "É um só e mesmo Espírito que faz tudo isto, distribuindo os dons a cada um conforme lhe agrada" (1Cor 12,11). Por conseguinte, nas reuniões de oração organizadas com o intuito de implorar curas, seria completamente arbitrário atribuir um "carisma de cura" a uma categoria de participantes, por exemplo, aos dirigentes do grupo. Dever-se-ia confiar apenas na vontade totalmente livre do Espírito Santo, que dá a alguns um especial carisma de cura para manifestar a força da graça do Ressuscitado. É preciso recordar, por outro lado, que nem as orações mais intensas alcançam a cura de todas as doenças. Assim, São Paulo tem de aprender do Senhor que "basta-te a minha graça, porque é na fraqueza que se manifesta todo o meu poder" (2Cor 12,9) e que os sofrimentos que se têm de suportar, podem ter o mesmo sentido do "completo na minha carne o que falta à paixão de Cristo, em benefício do seu corpo que é a Igreja" (Cl 1,24).

II. DISPOSIÇÕES DISCIPLINARES

Art. 1. Todo fiel pode elevar preces a Deus para alcançar a cura. Quando estas se fazem em uma igreja ou em outro lugar sagrado, convém que seja um ministro ordenado a presidi-las.

Art. 2. As orações de cura têm a qualificação de litúrgicas, quando inseridas nos livros litúrgicos aprovados pela autoridade competente da Igreja; caso contrário, são orações não litúrgicas.

Art. 3. § 1. As orações de cura litúrgicas celebram-se segundo o rito prescrito e com as vestes sagradas indicadas no *Ordo benedictionis infirmorum* do *Rituale Romanum*.[27]

Art. 3. § 2. As Conferências Episcopais, em conformidade com quanto estabelecido nos *Praenotanda*, V, *De aptationibus quae Conferentiae Episcoporum competunt r. f.*[28] do mesmo *Rituale Romanum*, podem fazer as adaptações ao rito das bênçãos dos enfermos, que considerarem pastoralmente oportunas ou eventualmente necessárias, com prévia revisão da Sé Apostólica.

Art. 4. § 1. O bispo diocesano[29] tem o direito de emanar para a própria Igreja particular normas sobre as celebrações litúrgicas de cura, conforme o cân. 838, § 4.

---

[27] Cf. *Rituale Romanum*, *De Benedictionibus*, nn. 290-320.

[28] Ibid., n. 39.

[29] E quantos a ele são equiparados em virtude do cân. 381, § 2.

Art. 4. § 2. Os que estão encarregados de preparar as ditas celebrações litúrgicas deverão ater-se a essas normas na realização das mesmas.

Art 4. § 3. A licença de realizar as ditas celebrações tem de ser explícita, mesmo quando organizadas por bispos ou cardeais ou estes nelas participem. O bispo diocesano tem o direito de negar tal licença a qualquer bispo, sempre que houver uma razão justa e proporcionada.

Art. 5. § 1. As orações de cura não litúrgicas realizam-se com modalidades diferentes das celebrações litúrgicas, tais como encontros de oração ou leitura da Palavra de Deus, salva sempre a vigilância do ordinário do lugar, em conformidade com o can. 839, § 2.

Art. 5. § 2. Evite-se cuidadosamente confundir estas orações livres não litúrgicas com as celebrações litúrgicas propriamente ditas.

Art. 5. § 3. É necessário, além disso, que na sua execução não se chegue, sobretudo por parte de quem as orienta, a formas parecidas com o histerismo, a artificialidade, a teatralidade ou o sensacionalismo.

Art. 6. O uso de instrumentos de comunicação social, nomeadamente a televisão, durante as orações de cura, tanto litúrgicas como não litúrgicas, é submetido à vigilância do bispo diocesano, em conformidade com o estabelecido no cân. 823 e com as normas emanadas pela Congregação para a Doutrina da Fé na Instrução de 30 de março de 1992.[30]

---

[30] CONGREGAÇÃO PARA A DOUTRINA DA FÉ, Instrução *Il Concilio Vaticano II*, sobre alguns aspectos do uso dos instrumentos de comunicação social para a promoção da doutrina da fé, Cidade do Vaticano [1992].

Art. 7. § 1. Mantendo-se em vigor quanto acima disposto no art. 3 e salvas as funções para os doentes previstas nos livros litúrgicos, não devem inserir-se orações de cura, litúrgicas ou não litúrgicas, na celebração da Santíssima Eucaristia, dos Sacramentos e da Liturgia das Horas.

Art. 7. § 2. Durante as celebrações, a que se refere o art. 1, é permitido inserir na oração universal ou "dos fiéis" intenções especiais de oração pela cura dos doentes, quando esta for nelas prevista.

Art. 8. § 1. O ministério do exorcismo deve ser exercido na estreita dependência do bispo diocesano e, em conformidade com o cân. 1172, com a Carta da Congregação para a Doutrina da Fé de 29 de Setembro de 1985[31] e com o *Rituale Romanum.*[32]

Art. 8. § 2. As orações de exorcismo, contidas no *Rituale Romanum*, devem manter-se distintas das celebrações de cura, litúrgicas ou não litúrgicas.

Art. 8. § 3. É absolutamente proibido inserir tais orações na celebração da Santa Missa, dos Sacramentos e da Liturgia das Horas.

Art. 9. Os que presidem às celebrações de cura, litúrgicas ou não litúrgicas, esforcem-se por manter na assembleia um clima de serena devoção, e atuem com a devida prudência, quando se verificarem curas entre os presentes. Terminada a celebração,

---

[31] CONGREGATIO PRO DOCTRINA FIDEI, Epistula *Inde ab aliquot annis*, Ordinariis locorum missa: in mentem normae vigentes de exorcismis revocantur, 29 septembris 1985, in AAS 77(1985), pp. 1169-1170.

[32] *Rituale Romanum*, Ex Decreto Sacrosancti Oecumenici Concilii Vaticani II instauration, Auctoritate Pauli PP, VI promulgatum, *De exorcismis et supplicationibus quibusdam*, Editio typica, Typis Vaticanis, MIM, Praenotanda, nn. 13-19.

poderão recolher, com simplicidade e precisão, os eventuais testemunhos e submeterão o fato à autoridade eclesiástica competente.

Art. 10. A intervenção da autoridade do bispo diocesano é obrigatória e necessária, quando se verificarem abusos nas celebrações de cura, litúrgicas ou não litúrgicas, em caso de evidente escândalo para a comunidade dos fiéis ou quando houver grave inobservância das normas litúrgicas e disciplinares.

O Sumo Pontífice João Paulo II, na audiência concedida ao abaixo assinado prefeito, aprovou a presente Instrução, decidida na reunião ordinária desta Congregação, e mandou que fosse publicada.

Roma, Sede da Congregação para a Doutrina da Fé, 14 de setembro de 2000, Festa da Exaltação da Santa Cruz.

† Joseph Card. RATZINGER,
prefeito

† Tarcisio BERTONE, sdb,
arc. emérito de Vercelli,
secretário